邂 半/边/山

IMPRINT | BAN BIAN SHAN

## 编委会成员

**主　编**　　张旭辉

**副主编**　　吴欣、毛履群

**编　委**　　蔡丽英、黄刚、张弛癸、丁国富、
　　　　　　董珊均、马文才

本画册所有照片著作权归半边山旅游度假区所有，
如有著作权异议请联系象山紫航投资有限公司。

# 目录

- 上 — 半边山水
  ## 造化神秀

- 上 — 完美假期
  ## 饕餮盛宴

- 下 — 完美假期
  ## 伴享玩乐

- 下 — 半边山水
  ## 绿色发展

位于中国北纬 30 度石浦渔港畔、东海之滨的半边山,是一个有"故事"的地方,这里有秀美的山川、辽阔的海洋、静谧的沙滩、蓬勃的山林,自然被作为一种载体,记录着这里的千年传奇。

如果东海半边山的美景是一种永恒的馈赠,那建设则是一种创造。这个迷人的形如"麒麟"的美丽半岛,因为是"东海半边山旅游度假区"而成为别样的存在。2022 年,这里也将成为第 19 届亚运会沙滩排球比赛场地。景观在这里不仅仅是对自然的简单描摹,更是让建筑融于自然的刻画与掌控。创造是智慧的结晶,随着时间的推移,她还会日新月异,不断给人们带更丰富的感受。对于东海半边山来说,游客的深呼吸、慢生活充实自在、身心愉悦就是最好的定义。

如今的东海半边山已经由一个水电匮乏、空心化的小渔村，建设成为一个四季美景、翠绿环绕、鸟语花香的幸福之地。这里春有花、夏有海、秋有果、冬有鱼，四季之美浮动眼前，生机勃勃尽揽于怀。这里到处都有美的存在，到处都有爱的踪迹。

有人说："美是物和你，客观的存在，加上爱美的眼睛，就会发现美的存在。"能够吸引你的美好是让你浑然不知的陷落。一束刺破黑夜的光，一粒泥土中微微开口吐绿的种子，一朵异香袭人的花，一片慵懒的云。一行直击灵魂的诗，一副摄人心魄的画，一曲欢腾的渔家傲，咏叹着这里的鱼欢蟹迹……愿东海半边山能带给你这样的赞叹。希望忙碌的你，在些许空暇的时间来走走看看，遇见生命中的另一半天地。

谨以"印迹"记录这片山海，这一方人……这里有山有海，只等你来！

## 造化神秀

到大自然中去观察，寻着好奇心去探究，充满善意的去理解，与大自然互动、对话，那么，你的眼光将变得敏锐起来，并领悟天地大美无言的魅力。

IMPRINT | BAN BIAN SHAN

半边山水

山海是半边山的灵魂，是取之不尽用之不竭的灵感，
是变幻莫测的新鲜感，是自然的魅力。

伴 山 半 海

印迹·半边山

印迹·半边山

山海入画 /

IMPRINT | BAN BIAN SHAN

12　印迹·半边山

傍海贯虹 /

蛟龙入海 /

印迹·半边山

印迹·半边山

凭 山 负 海

随 / 心 / 览 / 境

印迹 · 半边山

星 缀 长 空

印迹·半边山

印迹·半边山

巨龙望川 /

渔村裹翠 /

印迹·半边山

## 绿色发展

绿色发展是半边山旅游度假区建设者一直秉承的理念,让生态文明与自然和谐共处,让绿色经济、绿色低碳生活方式融入新型景区建设之中是半边山人执着的追求。

半山边水

IMPRINT | BAN BIAN SHAN

山海是半边山的灵魂,是取之不尽用之不竭的灵感,是变幻莫测的新鲜感,是自然的魅力。

五彩渔镇 /

印迹·半边山

五 / 彩 / 渔 / 镇

印迹·半边山

宁波工人疗养院 /

印迹·半边山

宁波象山海景皇冠假日酒店 /

印迹·半边山

印迹·半边山

宁波象山海景皇冠假日酒店 /

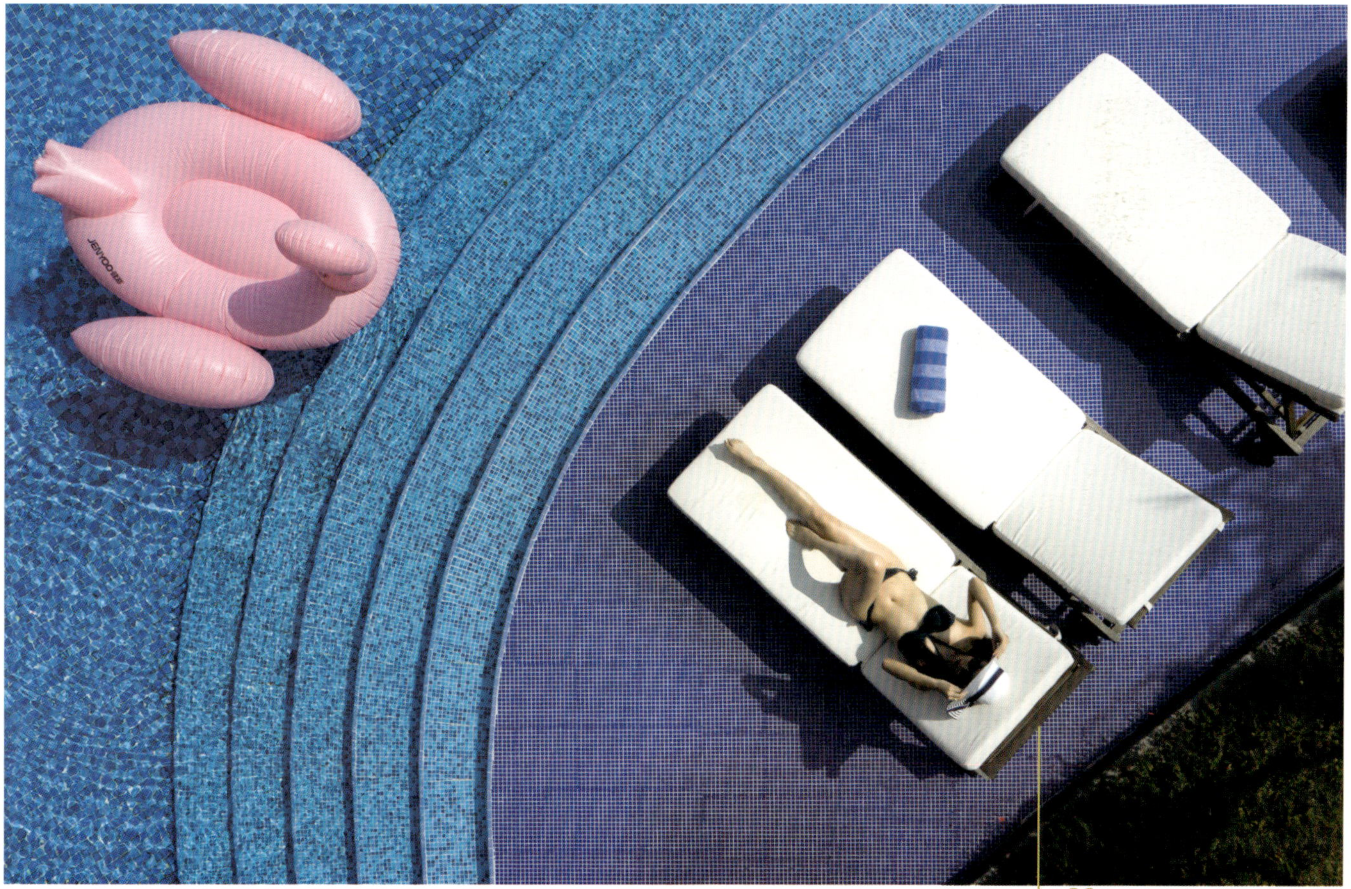

IMPRINT | BAN BIAN SHAN

东 · 海 · 学 · 堂

40　印迹·半边山

印迹·半边山

IMPRINT | BAN BIAN SHAN

海防巢营 /

花 海 运 动 场

花 海 运 动 场

四季渔庄 /

四季百草园 /

旅拍基地 /

山地露营 /

54　印迹·半边山

重走长征路 /

## 饕餮盛宴

吃是日常生活中重大的主题,它让脑海中、记忆里各色的人、事、物激荡,沉淀半边山的美食或许有儿时记忆中的味道,通过时鲜和新菜系,让幸福感从熟悉的味觉中得到回味,看的是色,闻的是香,吃的是味儿,听的是故事。

上

IMPRINT | BAN BIAN SHAN

完美假期

人终究是自然中最为闪光的部分，自然因人的参与而大放异彩。世界之所以美丽，全是人的诗意。

印迹·半边山

## 伴享玩乐

用眼睛去记录自然气息和烙印,它将成为生命的一种隐喻。
如同你在阅读时,增加一个自然视角,会得到全新的启迪。

下

完美假期

IMPRINT | BAN BIAN SHAN

人终究是自然中最为闪光的部分,自然因人的参与而大放异彩。世界之所以美丽,全是人的诗意。

印迹·半边山

印迹·半边山

IMPRINT | BAN BIAN SHAN

印迹·半边山

印迹·半边山

94　　印迹·半边山

95

印迹·半边山

## 图书在版编目（CIP）数据

印迹半边山 / 象山紫航投资有限公司编著. -- 南京：江苏凤凰文艺出版社，2020.12

ISBN 978-7-5594-4722-7

Ⅰ. ①印… Ⅱ. ①象… Ⅲ. ①山—风景区—宁波—画册 Ⅳ. ① K928.3-64

中国版本图书馆 CIP 数据核字 (2020) 第 051153 号

# 印迹半边山

象山紫航投资有限公司 编著

| | |
|---|---|
| 责任编辑 | 刘洲原 |
| 特约编辑 | 陈 菊  封 潇 |
| 装帧设计 | 欣扬文化 |
| 责任印制 | 刘 巍 |
| 出版发行 | 江苏凤凰文艺出版社<br>南京市中央路165号，邮编：210009 |
| 网　　址 | http://www.jswenyi.com |
| 印　　刷 | 杭州捷派印务有限公司 |
| 开　　本 | 880毫米×1230毫米 1/12 |
| 印　　张 | 8 |
| 字　　数 | 3千字 |
| 版　　次 | 2020年12月第1版 |
| 印　　次 | 2020年12月第1次印刷 |
| 书　　号 | ISBN 978-7-5594-4722-7 |
| 定　　价 | 96.00元 |

江苏凤凰文艺版图书凡印刷、装订错误可向出版社调换，联系电话 025-83280257